AF337472

(Conserver la couverture)

LETTRES ALGÉRIENNES

PREMIÈRE PARTIE.

MARSEILLE.

TYP. ET LITH. BARLATIER-FEISSAT PÈRE ET FILS,
RUE VENTURE, 19.

—

1870.

L K 8
1066

LETTRES ALGÉRIENNES.

DÉPÔT LÉG.
Bouches-du-Rhône

De province de Constantine,
Janvier 1870.

I

Vous me demandez, monsieur, de vous fournir mon opinion sur les personne et les choses du pays que j'habite depuis vingt-cinq ans.

Y avez-vous bien songé?

Quelle importance peuvent avoir les idées d'un homme comme moi, qui, relégué à la campagne, s'isolant aussi complètement que possible, n'a d'autre but que de conquérir par le travail une heureuse tranquillité.

Si vous l'exigez cependant, j'essaierai de vous indiquer mes impressions sous la seule condition que, sans tenir compte d'un style défectueux, vous ne chercherez dans les pages qui vont suivre que l'expression de mon désir de vous être agréable et la preuve de mon indépendance.

La province de Constantine est celle que je connais bien. C'est sans contredit la partie la mieux dotée de nos possessions algériennes; c'est à mon avis le berceau de la colonisation qui, née en 1830, est encore à l'état d'enfance......

Nous venons de traverser une crise qui défie toute description. Tous les fléaux déchaînés, épouvantables, présents d'Epimethée, ont fondu sur nous......

L'espérance nous reste-t-elle?

L'année dernière, le moment était critique, nous attendions des mesures qui devaient définitivement fixer notre sort. .

La nécessité de clôturer une session législative grosse de promesses, lourde d'ennuis de tous genres, n'a permis que d'effleurer la question algérienne.

Les préoccupations que faisaient naître les élections n'ont par laissé à nos législateurs assez de calme et d'indépendance pour traiter à fond une matière bien digne d'intérêt assurément, puisque non-seulement le sort de ceux qui habitent l'Algérie s'y rattache, mais encore parce que la France peut un jour utiliser les ressources que nous lui offrons et que, par lassitude, elle semble repousser aujourd'hui.

Il faut bien, quoiqu'il m'en coûte, faire un triste aveu : la plupart de ceux qui sont venus se fixer en Algérie sont mus par des considérations d'égoïsme, d'ambition, de susceptibilité; l'amour du bien est d'une mince considération pour ceux qui agissent; à de rares exceptions près, le mobile de chacun est le désir de s'enrichir, d'obtenir des distinctions, de réaliser au profit de la personne à l'exclusion de l'intérêt général le plus grand bénéfice possible.

Il en est beaucoup parmi nous qui, ne comprenant pas que dans l'intérêt de l'Algérie on doit faire taire toutes les passions de la politique métropolitaine, cherchent à se metre en relief. Ceux-là nous font grand tort; ils retardent le progrès en inspirant au gouvernement une certaine défiance contre un pays qui semble devoir apporter un appoint considérable à l'opposition.

A mon avis, Algériens, nous ne devrions nous occuper que de questions algériennes; nous devrions, sans acception d'opinion, nous unir, et dans un cri suprême, demander pour le pays où sont nés nos enfants, où ils mourront peut-être, la vitalité qui lui manque; pour la colonisation, l'essor qui lui est nécessaire; pour ceux qui seraient tentés de suivre notre exemple, les garanties qui inspirent cette confiance sans laquelle on ne fait rien de beau, rien de bien, rien de durable. L'Algérie ne prospérera, ne cessera d'être une charge, une honte, ne deviendra une source de richesses et d'honneur pour la France que sous la condition d'être soumise au droit commun. Voilà le grand mot prononcé : tant pis pour ceux que froisse l'idée qu'il exprime.

Les adversaires de mon opinion ne manqueront pas de s'écrier : L'application du droit commun est impossible en Algérie ! Comment peut-on soumettre à la même loi, aux mêmes règles deux peuples si éloignés l'un de l'autre par les mœurs, les coutumes, le caractère ? Il fut un temps où je tenais ce langage : l'expérience m'est venue, et je n'hésite point à déclarer que le salut des colons, la régénération de la race arabe ne se produiront que par une soumission immédiate au droit commun, par l'assimilation qui amènera forcément la fusion.

Qu'est-ce donc que le droit commun ? N'est-ce pas la loi du pays ! Si l'Algérie n'est pas une colonie, si c'est la France, les lois de la métropole qui sont pour nous la plus haute expression du principe de la justice uni au dogme de la morale, doivent être appliquées aux indigènes ; on aura infiniment moins de peine qu'on ne le suppose. Pourquoi le dissimuler ? les Arabes nous tiennent en souverain mépris ! Nos tâtonnements, le nombre considérable de tentatives infructueuses leur ont donné la plus triste opinion de notre caractère.

Ce que nous appelons bonté, bienveillancee, ils l'appellent faiblesse.... Ils n'admettent pas qu'ayant pour nous la force, l'autorité, nous n'en usions pas.

Nos hésitations, les discussions qui révèlent la lassitude ou l'indifférence de ceux qui nous administrent, sont pour eux des fautes qu'ils classent et qu'ils utiliseront un jour.

Nous n'avons qu'une planche de salut : la colonisation, mais une colonisation sérieuse, habilement dirigée, efficacement protégée. La colonisation est l'action de peupler et d'exploiter les richesses du sol. Tant que l'Algérie restera inhabitée et inculte, il n'y aura aucun profit pour la France.

Avec nos habitudes, nous avons apporté la misère aux Arabes. Rendons-leur la richesse en leur apprenant à travailler, en les façonnant à nos coutumes, en les civilisant.

Laissez-moi vous citer les remarquables paroles d'un éminent publiciste qui, par son dévouement et ses ardentes convictions, a conquis la reconnaissance des Algériens, dont il a toujours servi la cause.

« Pendant que sur certains points les populations s'entassent, a écrit M. Jules Duval, et que le paupérisme y étale ses douleurs, mères des révolutions, sur d'autres points la nature abandonnée à elle-même se corrompt par les marécages, par les limons accumulés à l'embouchure des fleuves et de ses sources, lèpres hideuses du sol portant d'épouvantables fléaux : le choléra, la fièvre jaune, la peste, la famine, le typhus qui vont ravager les pays les plus lointains, les plus salubres.

« Ailleurs la nature se laisse envahir par des dartres de sables arides, foyers de vents brûlants et de nuages d'insectes dévastateurs.

« La palme du dévouement fraternel le plus intelligent, appartient dans l'histoire aux peuples qui ont embrassé avec le plus d'ardeur leur mission colonisatrice.

« La colonisation, en mûrissant, en formant les caractères, apprend aux hommes à se gouverner eux-mêmes ; tôt ou tard, elle les émancipe des vieux gouvernements tyranniques... Mais il ne faut pas que les métropoles, inspirées par une étroite cupidité, cherchent à exploiter les colonies en leur imposant des conditions qui leur rendent la propriété trop difficile.

« Il faut que, prenant pour modèle du sentiment colonisateur l'exemple de l'antiquité, dont les populations importaient avec elle, les dieux, les lois, les mœurs, les arts, la langue, la civilisation en un mot de la mère patrie, nous l'imposions aux indigènes vaincus !

« La terre appartient au genre humain, et quelques tribus éparses de sauvages et de barbares ne peuvent prétendre à la jouissance exclusive des territoires qu'elles ne savent pas mettre en valeur.

« Il n'y a de possession légitime que par le peuplement sérieux et le travail productif... Toutefois les races arriérées ou inférieures n'en sont pas moins marquées du sceau de l'humanité, et comme tous les faibles, elles ont droit à la sympathie, à la protection, à l'éducation par les forts. »

La France a eu, il est vrai, le mérite d'avoir inauguré en Algérie ces sentiments nouveaux, mais si elle ne veut pas se déshonorer pour longtemps, qu'elle se hâte d'apporter un remède énergique à cet état de choses qui engendre le crime, fait naître le découragement et donne aux peuples la preuve de notre légèreté et de notre faiblesse.

Nous en sommes arrivés à ce point que si la France abandonnait l'Algérie, l'état social des Arabes serait pire qu'il n'était avant la conquête.

De nous, ils ont pris les vices, ils n'ont pas su acquérir une vertu.

Soyons hommes, soyons forts pour guider ce peuple enfant ; qu'il se soumette !

Je vous l'ai dit en commençant, je le dis en finissant, le seul moyen qui nous reste est l'assimilation complète, la soumission de l'Algérie au droit commun.

Quoiqu'on en dise, tout dans ce malheureux pays est exception ! Afin de donner le change, on nous a couverts d'étiquettes trompheuses.

Pour guérir nos plaies, nous devons les mettre à jour. Si vous m'encouragez, je ne faillirai pas à la tâche que je m'impose.

II

L'assimilation complète à la France, voilà le remède souverain qui doit guérir l'Algérie du mal qui la ronge.

Depuis trente-neuf ans nous occupons le pays. Quelques efforts individuels se sont manifestés, mais les efforts d'ensemble ont complètement fait défaut. L'Algérie n'est pas encore une colonie française ; c'est un immense caravansérail où se réunissent les déclassés de toute l'Europe. A qui la faute ?

Les immigrants arrivent pleins de force, de zèle, de bonne volonté. Petit à petit, le découragement s'empare des plus vaillants.

Les travailleurs deviennent des débitants, et, au lieu de producteurs, nous avons des consommateurs.

Depuis quinze ans à peine, l'émigration s'est dessinée vers le Sud de l'Amérique ; la province de Buenos-Ayres compte aujourd'hui 85,000 Français environ. A peu-près durant la même période, la colonie de Queensland, en Australie, atteignait une population de 90,000 Anglais.

Il y a donc une proportion équivalente entre les facultés colonisatrices des Français et des Anglais, lorsque les conditions législatives du pays où ils vont s'établir sont telles, que les droit de chacun n'y sont pas violés et compromis par une réglementation en désaccord avec les obligations du travail et les aspirations des travailleurs (1).

Ce qui peut faire affluer dans un pays la population nécessaire à sa prospérité, c'est la certitude de trouver dans ce pays la garantie absolue de la personne et de la propriété.

L'Algérie nous offre-t-elle ces garanties ?

Il y a deux ans, le baron Jérôme David, cherchant à réfuter les raisons que M. Jules Favre produisait à l'appui des amen-

____

(1) Mehut (Liberté coloniale).

dements formulés dans l'intérêt des habitants de la colonie, s'écriait : « Il faut qu'on sache bien que les Européens qui « sont en Algérie ne s'y trouvent pas en présence du régime « du sabre, qu'ils y rencontrent, pour la répression des crimes, « des cours d'assises ; pour celle des délits, des chambres cor- « rectionnelles ; pour les litiges entre citoyens, les tribunaux· « civils, les Cours d'appel ; en un mot, les mêmes garanties « que dans la métropole. »

Et la majorité de croire !

Il s'agit de s'entendre. Il existe en Algérie, il est vrai, une juridiction qui, sous le nom de Cour d'Assises, connaît des crimes commis par les Européens ou les indigènes habitant le territoire civil. Elle fonctionne sans jury !

Elle se compose à Alger de cinq conseillers ; dans les autres arrondissement, de trois conseillers et de deux magistrats du siége ; elle prononce à la majorité... Le juge d'instruction peut en faire partie.

En 1858, sous le titre de nouvelle organisation de la Cour impériale, un décret rendait à la Cour la prérogative d'évocation, enlevait au ministère public le droit d'incarcération préventive, réalisait quelques réformes et portait création d'une chambre des mises en accusation... C'était là un premier pas fait vers l'assimilation ; mais il ne fallait pas s'arrêter dans la bonne voie... il fallait, à peine d'aggraver la situation, aller en avant et compléter l'institution par la création d'un jury.

La chambre des mises en accusation renvoie devant la Cour d'Assises, les conseillers se mettent en route, les dossiers les précèdent ou les suivent, on remplit à la hâte les formalités de notification à l'accusé... l'audience s'ouvre et les débats commencent. Il vont vite, très vite, les heures sont comptées. Chaque conseiller a une indemnité qui varie suivant le voyage qu'il entreprend. 500 francs pour le département de Constantine, 400 fr. pour le département d'Oran, 150 fr. pour l'arrondissement de Blidah.

Il est donc payé aux magistrats 9.450 fr. pour frais de tournée. Chaque chef-lieu d'arrondissement fournit le logement, l'ameublement, le chauffage, l'éclairage et le service. Les magistrats voyageurs ont droit au passage gratuit sur les bateaux faisant le courrier.

N'y a-t-il pas lieu de se demander quelle est l'utilité d'une pareille institution. Les garanties offertes par une Cour composée comme il vient d'être dit sont-elles plus grandes que celles que présente le Tribunal d'arrondissement. Ici la famille est isolée, les relations n'existent pas encore affectueuses et resserrées, la population est essentiellement flottante ; toutes ces considérations font que les influences locales ne seraient pas à craindre.

J'ai dit qu'après la création de la chambre des mises en accusation, il fallait, à peine d'aggraver la situation , aller en avant. Je m'explique. Je ne prétends pas que les magistrats adoptent un système, écoutent des préjugés, cherchent l'impossible et négligent les éléments qui se présentent à eux ; mais je crois qu'habitués aux affaires criminelles, en continuelle défiance contre les intérêts mis en jeu devant eux, entraînés par l'autorité de l'arrêt de la chambre des mises en accusation, les juges criminels n'accordent pas assez aux circonstances et oublient trop souvent que dans la société il y a encore plus de faiblesses que de crimes.

Quelle peut-être l'utilité d'une chambre des mises en accusation, si le jury ne fonctionne pas. Cette création nuit à l'accusé en ce sens que l'arrêt établit contre lui une présomption de culpabilité, alors qu'il n'a point été appelé à contredire l'appréciation du juge d'instruction et à se défendre.

Il y a pour les indigènes tout avantage à passer devant les conseils de guerre ; ils le savent bien. En effet, les conseils de guerre, par le renouvellement fréquent des officiers qui les composent, représentent assez exactement l'institution du jury. Qu'arrive-t-il ? C'est que, suivant la juridiction devant laquelle on est appelé, on a plus ou moins de chances de succès. Pour prouver ce qui j'avance, je me borne à constater que sur vingt affaires, les conseils de guerre prononcent huit acquittements et la Cour d'Assises dix-huit condamnations.

Quelle confiance doit inspirer aux indigènes une loi qui, par sa malléabilité, permet à une juridiction de prononcer un acquittement à l'occasion d'un fait qui, devant la juridiction correspondante, entraînerait une peine sévère. Ces faits posés, peut-on dire avec M. Jérôme David: il y a en Algérie des Cours d'assises. Sans hésiter, je réponds : non... Il existe une juridiction exceptionnelle, décorée d'un titre qui ne lui convient pas... Les garanties ne sont pas celles que la loi accorde en

France aux citoyens. Chose étrange, on applique aux indigènes le Code pénal !... Jamais ce Code n'a été promulgué en Algérie: il n'est pas traduit, et sans faire connaître aux justiciables leurs obligations, on leur demande compte de la trangression d'une loi dont ils ignorent les dispositions !... Suivant qu'il convient à ceux qui nous administrent, on exerce des poursuites régulières ou on traduit les accusés devant une commission disciplinaire. Cela est-il logique ? Je ne le crois pas:

Promulgation de la loi et création d'un jury, voilà ce que je considère comme utile au pays.

III

Nous avons, il est vrai, des tribunaux civils et une Cour impériale. Ici, comme partout, exception, toujours exception.

En 1815, Châteaubriant disait à la Cour des pairs : « L'in- « dépendance de la justice est la sauvegarde de la liberté ; « toutes les espèces de tyrannies, la tyrannie du forum comme « celle du sérail ont toujours essayé de détruire l'inamovibi- « lité..... l'inamovibilité de la justice fait notre gloire et a « donné à notre magistrature sa grandeur. »

Les magistrats de l'ordre judiciaire n'ont point en Algérie l'inamovibilité qui leur est attribuée en France ; ils sont jusqu'à un certain point, sous la dépendance de l'administration par suite des dispositions des règlements disciplinaires du 22 novembre 1842 qui autorisent la suspension et la révocation.

Les magistrats ont pour auxiliaires des avocats-défenseurs nommés par décret. Ces agents ne jouissent pas de l'indépendance nécessaire à l'exercice de leur profession.

Appelés à lutter contre le ministère public, qui a sur eux une autorité absolue, ils doivent, à peine de compromettre leur position, ménager les susceptibilités des membres du parquet.

Qu'un vieux défenseur, riche d'expérience et d'honorabilité, froisse un jeune substitut....., un rapport peut être fait....., la révocation peut être demandée, obtenue.

Moins heureux qu'un accusé ordinaire, le défenseur est obligé d'accepter pour juge son accusateur.......

Ici, l'exercice de la profession d'avocat est presque impossible...... Pour se présenter à la barre, tout avocat doit être assisté d'un défenseur, celui-ci ayant le droit de plaider prête à son confrère un concours onéreux pour le justiciable.

Pourquoi les jeunes gens nés dans le pays qui suivent la carrière du barreau ne trouvent-ils pas en Algérie les mêmes avantages que leur offre l'exercice de leur profession en France ? Encore exception !

Sous le prétexte que, par les différentes capitulations, nous avions promis aux indigènes de leur conserver leurs lois, leurs propriétés, leur religion et leurs coutumes, le gouvernement a laissé aux cadis le soin de juger les contestations et les procès entre musulmans.

Par un arrêté du gouvernement en date du 22 octobre 1830, les cadis avaient juridiction souveraine et sans appel, tant au civil qu'au criminel, sur toutes les questions s'agitant entre leurs coreligionnaires.

Par un autre arrêté en date du 16 août 1832, les jugements correctionnels et criminels des cadis étaient soumis à l'appel, les premiers devant la Cour de justice, les seconds devant le Conseil d'administration.

Après bien des tâtonnements, une ordonnance royale du 28 février 1841 supprimait la compétence des cadis en matière criminelle, et portait devant la justice française l'appel des décisions de la justice musulmane en matière civile.

En 1842, une autre ordonnance royale soumettait aux Medjelés l'appel des jugements de cadi en matière civile et permettait de déférer à la Cour d'Alger les arrêts des Medjelés du territoire civil.

Cet état de choses ne pouvait durer, « car en soumettant à « l'appel devant nos tribunaux, disait le rapport qui concluait « au décret de 1854, les jugements en matière civile rendus « par les cadis, l'ordonnance de 1841 a dépassé le but. Etran- « gers à la langue, aux mœurs, à la législation arabe, notre « surveillance sur la magistrature indigène était à peu près « illusoire..... Les ordonnances de 1841 et 1842 avaient voulu « tenter un rapprochement entre deux législations qui se heur- « tent à chaque pas en érigeant la Cour en une sorte de Med- « jelés supérieurs, révisant au point de vue d'un droit diffé- « rent du nôtre les sentences des tribunaux indigènes. Les « conséquences de cette mesure sont en opposition avec le but

« qu'on s'était proposé. Les inconvénients sont nés dès croise-
« ments des juridictions ; en les séparant, les difficultés sont
« aplanies et le progrès deviendra plus facile. »

Le décret du 1er octobre 1854, supprimant le recours devant
la juridiction française, parut.

Cinq ans plus tard les vérités affirmées n'étaient pas vraies !
Les inconvénients, les difficultés résultaient de la séparation
des juridictions, le progrès consistait à porter l'appel des décisions des cadis devant les tribunaux français.

« La faculté d'appel devant la Cour était un frein pour le
« juge indigène !.... Elle répondait aux traditions du passé
« pour le peuple arabe !.... elle n'était en définitive que le
« recours au sultan ..... »

Le décret du 31 décembre 1859, abrogeant le décret de 1854,
fut promulgué et l'appel des décisions rendues par les juges
musulmans fut porté devant la Cour impériale.

On ne tarda pas à s'apercevoir des vices d'un pareil système
qui obligeait les indigènes des provinces de l'Est et de l'Ouest
à entreprendre un long voyage et à exposer des frais considé-
rables pour un litige souvent peu important, et par un nou-
veau décret du 13 décembre 1866, il fut décidé que les appels
seraient portés devant les tribunaux d'arrondissements......
Telle est la situation actuelle.

Des juges français réforment les décisions des juges musulmans ! De deux choses l'une : ou le droit est le même et alors il
n'est pas nécessaire de conserver les cadis, ou bien le droit est
différent et on se demande comment les juges qui n'ont pas les
premières notions de la loi musulmane peuvent contrôler, ap·
prouver ou modifier les décisions des magistrats musulmans.
Les jugements rendus sur appel par nos tribunaux sont défi-
nitifs. Ils ne sont pas soumis au recours en cassation. Des cir-
culaires nombreuses aident à l'application du décret de 1866 ;
aussi voit-on les juges relever des déchéances et s'efforcer
d'éloigner les avocats de la barre.

En présence de ces contradictions, de ces tergiversations, de
ces reculades, si l'on compare à nos administrateurs la chaste
et infatigable Pénélope, on est forcé d'avouer qu'elle a usurpé
sa réputation.... Dieu, qu'elle était paresseuse ! !..... Ne serait-
il pas temps de dire aux indigènes, la loi française vous est applicable, vous vous y soumettrez. Que craint-on ? de les frois-
ser,.... de compromettre la parole donnée....

Ne viole-t-on pas tous les jours les promesses faites au point de vue des mœurs, des coutumes, de la loi ? Pourquoi cite-t-on en police correctionnelle les Arabes qui battent leurs femmes. Le Coran ne dit-il pas : « Vous réprimanderez vos femmes désobéissantes, vous les relèguerez dans un lit à part et vous les battrez. »

Pourquoi n'admet-on pas la peine du talion ?

Pourquoi punit-on le meurtrier qui a payé la Dia ?

Pourquoi n'applique-t-on que certaines parties du Code pénal, qui n'a pas été promulgué ?

Ayons le courage de nos actes et puisque nous appliquons nos lois aux indigènes, imposons-les franchement.

Ce serait une grande erreur de croire que les Arabes se soumettraient avec répugnance aux prescriptions de nos Codes.

L'origine du droit musulman et du droit français est commune.

Les principes puisés aux sources du droit romain sont les mêmes.

La règle a subi quelques altérations par une jurisprudence qui, née du moment et de l'intérêt des juges, se redresserait facilement.

On a essayé de tous les systèmes.... pourquoi n'essaierait-on pas de la soumission au droit commun ?

Ma lettre est déjà longue, je m'arrête.... Si elles ne vous ennuient pas trop, je continuerai mes causeries.

IV

Par une modification heureuse apportée à l'organisation de la métropole, on a créé dans quelques localités de l'Algérie des justices de paix à compétence étendue. Les juges connaissent des actions personnelles et mobilières en matière civile et commerciale en dernier ressort jusqu'à la valeur de 500 fr., et en premier ressort jusqu'à 1,000 fr. Ils exercent, en outre, les fonctions des présidents des Tribunaux de première instance comme juges de référés en toutes matières et peuvent, comme eux, ordonner toutes mesures conservatoires.

Certes, personne ne songerait à blâmer une pareille innovation si le choix des juges de paix à compétence étendue était fait avec soin et discernement. Il ne faut pas s'y tromper, les fonctions de juge de paix à compétence étendue sont les plus délicates, les plus difficiles de l'ordre judiciaire. Le membre d'un Tribunal civil ou d'une Cour d'appel a près de lui des collègues qui, dans la délibération, discutent son opinion, la contredisent ou l'approuvent. Un juge de paix doit vivre seul, il doit puiser dans sa conscience et dans ses connaissances personnelles la raison de décider. Or, en Algérie, quiconque aspire à être magistrat, doit passer par la filière des justices de paix. Il arrive donc que, pour ses débuts, le juge se trouve en présence de difficultés beaucoup plus grandes que celles qui pourront se présenter alors que son caractère sera mûr et que la pratique se sera jointe à la théorie. Partout où le service doit fonctionner, j'aimerais à voir d'anciens magistrats, excellents appréciateurs des hommes et des choses, disposés à donner, avec des bons exemples, la preuve de la supériorité de nos institutions, et inspirer cette confiance sans laquelle la justice n'est pas respectée. La magistrature est un sacerdoce. Comme le prêtre, le juge doit s'isoler; il a une mission périlleuse, une mission suprême, dans l'accomplissement de laquelle l'homme doit faire à sa conscience un triple rempart afin d'aller droit et de voir juste, afin de n'être pas arrêté par de mesquines considérations d'intérêt de famille ou d'ambition. Qu'arrivera-t-il d'un très-jeune juge de paix, arbitre des destinées de la population de sa circonscription si, pour tout bagage scientifique, il n'a que les connaissances puisées à l'école de droit; si, dominé par les passions de son âge, il se laisse entraîner à des distractions incompatibles avec la dignité de sa position et de son caractère. Ses décisions doivent frapper les justiciables. En contact perpétuel avec de jeunes commandants supérieurs, il doit leur imposer la conscience de sa force et leur inspirer le respect du droit et de la justice. J'ai collectionné un certain nombre de jugements rendus par des juges de paix à compétence étendue, au besoin, je vous les transmettrai; vous jugerez alors de l'opportunité de mes réclamations, et, comme moi, vous n'hésiterez pas à considérer des réformes comme indispensables.

Je l'ai dit, pour moi les fonctions modestes des juges de paix constituent un mandat des plus difficiles; il s'agit de fonder, de créer le service judiciaire et de l'établir sur des bases qui inspirent à tous le respect. Il me semble indispensable de remettre ces fonctions à des hommes instruits, laborieux, expérimentés, ayant, dans une longue carrière, appris à discerner la vérité du mensonge ; il faut aux justiciables non pas seulement des juges, mais des guides éclairés, exercés, pour les diriger et les conduire dans le choc de leurs intérêts et dans le conflit de leurs passions. Que devient le prestige de la justice lorsque son exercice est confié à des jeunes gens, pleins de bonne volonté assurément, mais inexpérimentés, à ce point que tout homme de bon sens se croit leur égal.

Il faudrait donner, à titre de récompense et comme preuve de confiance, aux vieux magistrats de première instance, les fonctions de juge de paix avec un traitement égal à celui de président ou de conseiller et le titre de conseiller honoraire. Des suppléants salariés seraient choisis parmi les jeunes gens qui se destinent à la magistrature.

On aurait ainsi la certitude de voir le service judiciaire dignement représenté, les intérêts des particuliers sauvegardés et de jeunes magistrats formés à bonne école.

Abordant un autre ordre d'idées, je dis, avec l'article 10 de la loi du 16 juin 1851, la propriété est (devrait être) inviolable en Algérie. Il ne suffit pas d'énoncer ce principe, il faut le consacrer. L'ordonnance du 1ᵉʳ octobre 1844 sur l'expropriation et l'occupation temporaire pour cause d'utilité publique offre à l'Etat le moyen de s'emparer légalement des propriétés appartenant aux habitants de la colonie, indigènes ou autres. Cette loi est à l'Algérie ce que la loi du 3 mai 1841 est à la France ; malheureusement les garanties offertes aux propriétaires algériens sont loin d'être aussi grandes que celles concédées aux continentaux.

Je vais énumérer les différences qui existent entre les deux législations, et de ces différences résultera la preuve que l'inviolabilité proclamée est plutôt un principe qu'une réalité.

En Algérie, l'expropriation est prononcée administrativement par le gouverneur général, tandis qu'en France elle a eu lieu judiciairement par un jugement du Tribunal civil. En France, si, après avoir fait prononcer la déclaration d'utilité publique, l'administration ne la poursuit pas, le propriétaire a le droit de faire statuer à sa requête sur l'expropriation. L'ordonnance de 1844 n'accorde pas ce droit au propriétaire algérien. On comprend de suite l'importance capitale de cette différence. A partir du jour de la déclaration d'utilité publique, l'immeuble est frappé de défaveur, il n'a plus de valeur entre les mains du propriétaire, si ce n'est au point de vue de la cession de l'indemnité à fixer; il ne peut être vendu, hypothéqué.

L'attribution de juridiction en matière d'expropriation, voilà le point le plus important, la différence la plus sensible et la plus compromettante pour les propriétaires algériens.

Ce sera, si vous le voulez bien, l'objet de ma prochaine lettre.

V

En Algérie, c'est devant le tribunal civil de la situation des biens que l'action en règlement d'indemnité est portée, tandis qu'en France c'est devant un jury spécial. Vous saisissez l'immense différence des deux législations. Sans doute, les tribunaux offrent des garanties incontestables pour l'examen des droits, mais nos juges peuvent-ils en parfaite connaissance de cause statuer sur la valeur réelle des immeubles? Des experts, il est vrai, sont désignés, et c'est en tenant compte de leur rapport que les magistrats prononcent. La difficulté est de trouver des experts assez indépendants pour ne pas se laisser entraîner par des considérations particulières et personnelles. En général on peut les diviser en deux classes : les experts qui possèdent et les experts qui ne possèdent pas.

Les premiers ont une tendance à exagérer la valeur; les seconds ont la tendance contraire.

Il est rare que les trois experts s'accordent pour la fixation de l'indemnité; chacun d'eux motive son opinion. L'administration, qui n'offre que des sommes insignifiantes, se plaint des prix élevés qu'elle est obligée de payer, et dans presque tous les cas c'est la plus faible des appréciations qui est adoptée par les tribunaux.

Si l'expropriation ne doit pas être une source de richesse pour l'exproprié, elle ne doit pas non plus être une cause de ruine ou de perte.

Quelles garanties offrent les expertises faites par un ou trois experts qui peuvent être mus par des considérations personnelles, ou qui faisant des expertises une profession, cherchent à s'accréditer près de l'administration. J'ai vu, par un simple renvoi en marge d'un rapport d'expert, porter de 100 à 150 francs la valeur du mètre exproprié ; j'ai vu régler, au profit d'un employé, le prix d'une indemnité d'expropriation à raison de 52,000 francs pour une maison qu'il avait acquise depuis peu moyennant 8,000 fr., payables à terme et non encore payés. L'indemnité fixée par d'autres experts pour des immeubles voisins a fait ressortir l'exagération de la première appréciation.

Les experts sont désignés d'office par le tribunal, à défaut par les parties de s'entendre. Les plaideurs s'entendent rarement, et il arrive que l'exproprié peut toujours redouter le concours de dispositions mauvaises. Enfin le tribunal n'est point obligé de suivre l'opinion des experts ; les juges peuvent modifier à leur gré et même rejeter en entier leur travail, selon leurs impressions et les circonstances.

L'erreur est possible, et, en pareille matière, il faut employer tous les moyens imaginables pour en éviter les causes.

Les erreurs sont d'autant plus graves que, depuis l'ordonnance de 1844, la décision du tribunal, en ce qui concerne la fixation du montant de l'indemnité, est souveraine et sans appel. Les expropriés n'ont pas, comme en France, la voie du recours en cassation. Je trouve dans le § 2 de l'art. 42 une disposition qui peut entraîner de grands inconvénients : « Quand l'indemnité aura été réglée, si elle n'est pas acquittée ni consignée dans les six mois du jugement, les intérêts courront de plein droit à l'expiration de ce délai. » En fait, cette règle posée donne accès aux abus les plus regrettables. Le tribunal a prononcé sur le chiffre de l'indemnité ; l'exproprié est fixé sur la somme qui doit lui être payée ; il donne l'autorisation de prendre possession ; le temps s'écoule, il demande paiement. « Nous avons six mois, » lui répond-on, et à moins de stipulation expresse, les intérêts ne doivent courir qu'après l'expiration de ces six mois !... Que peut faire un homme qui, pour tous moyens d'existence, n'avait qu'une petite propriété ?... Il est dépossédé, il ne touche rien... L'administration a six mois pour payer ! Il emprunte, Dieu sait à quel taux ! la ruine est consommée ! On exécute en ce moment à Constantine des travaux d'utilité publique d'une très-grande importance ; lorsqu'ils ont été projetés, commencés, on ne s'était pas fait une idée bien exacte de la somme qui serait nécessaire pour régler les indemnités... les crédits ont été vite absorbés.

L'expropriation a marché avec rapidité : l'administration a été autorisée par la plupart des expropriés à prendre possession, mais la liquidation subit des lenteurs préjudiciables à tous les intéressés. De pauvres familles musulmanes n'ayant plus de toit, plus d'asile, attendent impatiemment que les notaires choisis pour la vérification des titres de propriété aient déclaré les justifications suffisantes. Malheureusement les titres arabes sont établis quelquefois d'une façon si incomplète que les difficultés d'appréciation viennent en aide aux embarras financiers de l'administration. Pendant ces lenteurs, les intéressés souffrent.

Si la loi du 3 mai 1841 était appliquée en Algérie, la plupart des inconvénients signalés n'existeraient pas.

En résumé, pour attirer dans le pays une population utile, il faut, comme je l'ai dit en commençant, garantir les personnes et les propriétés contre tous les abus de la force et de l'autorité.

Il faut soumettre tous les habitants, sans exception de nationalité, au droit commun ;

Il faut constituer le jury en matière criminelle ;

Rendre applicable à l'Algérie le Code de procédure et le tarif de 1807 ;

Promulguer en langue arabe le Code pénal ;

Décréter l'inamovibilité des magistrats de l'ordre judiciaire ;

Constituer et organiser les justices de paix à compétence étendue ;

Substituer la loi du 3 mai 1851 à l'ordonnance du 1ᵉʳ octobre 1844 ;

Abolir le privilége des défenseurs ;

Faire disparaître en un mot toutes les exceptions qui, en nous laissant séparés de la mère-patrie, font naître des abus de toutes sortes.

La réalisation de ce vœu constituera un progrès et contribuera pour une large part à la prospérité de notre pays d'adoption.

Marseille — Typ. et Lith Barlatier-Feissat Père et Fils.

www.ingramcontent.com/pod-product-compliance
Lightning Source LLC
Chambersburg PA
CBHW061844060726
47597CB00008B/3596